ໃນໃຈຂ້ອຍຮູ້ສຶກ

ໂດຍ ອານຸສິດ ເທບໄກສອນ
ຮູບໂດຍ ໂຈອານ ກາຣ ເຊກູລາ

Library For All Ltd.

ໃນໃຈຂ້ອຍຮູ້ສຶກ

ຂ້ອຍກໍໃຈ.

ຂ້ອຍເສຍໃຈ.

ຂ້ອຍຕົ່ມເຕັ້ນ.

ຂ້ອຍຜ່ອນຄາຍ.

ຂ້ອຍສົງໄສ.

ຂ້ອຍເບິ່ງ.

ຂ້ອຍປ້ານ.

ຂ້ອຍກ້າ.

ຂ້ອຍໃຈຮ້າຍ.

ຂ້ອຍສະທງິບ.

ຂ້ອຍລະອາຍໃຈ.

ຂ້ອຍພູມໃຈ.

ຂໍ້ມູນທາງບັນນາບຸກົມຂອງຫໍສະໝຸດແຫ່ງຊາດ

ອານຸສິດ ເທບໄກສອນ
ໃນໃຈຂ້ອຍຮູ້ສຶກ / ໂດຍ ອານຸສິດ ເທບໄກສອນ.
-- ວຽງຈັນ: ປົມອ່ານ, 2022
18 ໜ້າ : ພາບປະກອບສີ ; 26 ຊມ
1. ວັນນະກຳສຳລັບເດັກ
I. ຊື່ເລື່ອງ
808.068 -- dc21
ເລກທະບຽນພິມຈຳໜ່າຍ: 060 / ອພຈ07052033
ISBN 978-9932-14-019-0

ເຈົ້າສາມາດໃຊ້ຄຳຖາມດັ່ງລຸ່ມນີ້ເພື່ອສືບທະບາກ່ຽວກັບເລື່ອງທີ່ອ່ານກັບ ຄອບຄົວ, ໝູ່ ແລະ ຄູອາຈານ.

ເຈົ້າໄດ້ຮຽນຮູ້ຫຍັງຈາກເລື່ອງນີ້?

ຈົ່ງອະທິບາຍເລື່ອງນີ້ ໂດຍໃຊ້ຄຳບັບຍາຍ
1ຄຳ. ຕະຫຼົກ? ຢ້ານ? ມິສິສັນ? ໜ້າສົນໃຈ?

ເມື່ອອ່ານຈົບແລ້ວ,
ເລື່ອງນີ້ໃຫ້ຄວາມຮູ້ສຶກຫຍັງແດ່?

ໃນເລື່ອງນີ້, ເຈົ້າມັກສິ່ງໃດຫຼາຍທີ່ສຸດ?

ດາວໂລກແອ່ບ
getlibraryforall.org

ກ່ຽວກັບຜູ້ປະກອບສ່ວນ

ອານຸສິດ ເທບໄກສອນ ເປັນ ຄົນລາວ ທີ່ມັກເຮັດກິດຈະກຳບອກບ້ານ
ຫຼາຍຢ່າງ ເຊັ່ນ ຫຼິ້ນດົນຕີ ຮ້ອງເພງ, ປູກຕົ້ນໄມ້ ຫຼາຍໆຊະນິດ
ເອົາໄວ້ແຍ່ງເບິ່ງ ຫຼື ແບ່ງປັນໃຫ້ໝູ່ເພື່ອນ. ໃທຍ່ມາ ອານຸສິດໄດ້ຮຽນຮູ້
ທີ່ຈະຮັກການອ່ານ ແລະ ໄດ້ເຫັນສິ່ງໃໝ່ໆ ໂລກໃໝ່ໆ
ຜ່ານປຶ້ມຫຼາກຫຼາຍຊະນິດ ຈຶ່ງຢາກໃຫ້ເດັກນ້ອຍຄົນລາວ
ໄດ້ຜະຈົນໄພຜ່ານການອ່ານ ຮຽນຮັກການອ່ານ
ຄວບຄູ່ກັບການເຮັດກິດຈະກຳຢູ່ນອກ ເພື່ອພັດທະນາການອ່ານ.

ປຶ້ມທົ່ວປີ່ມ່ອບບໍ່?

ພວກເຮົາມີປຶ້ມຫຼາຍຮ້ອຍຫົວໃຫ້ເລືອກອ່ານ.

ພວກເຮົາຮ່ວມມືກັບນັກຂຽນ, ຜູ່ຊຽວຊານດ້ານການສຶກສາ, ທີ່ປຶກສາທາງດ້ານວັດທະນະທຳ, ລັດຖະບານ ແລະ ອົງກອນທີ່ບໍ່ຂຶ້ນກັບລັດຖະບານ ເພື່ອບຳຄວາມເພີດເພີນ ໃນການ ອ່ານໃຫ້ກັບເດັກນ້ອຍທົ່ວທຸກແຫ່ງ.

ຮູ້ບໍ່?

ພວກເຮົາສ້າງການປ່ຽນແປງທີ່ດີໃນຂົງເຂດນີ້ ໂດຍປະຕິບັດ ເປົ້າໝາຍ ການພັດທະນາແບບຍືນຍົງຂອງສະຫະປະຊາຊາດ.

library forall.org